Das kleine Buch der Knoten

Schlingen, Stek und Affenfaust leicht gemacht

Inhalt

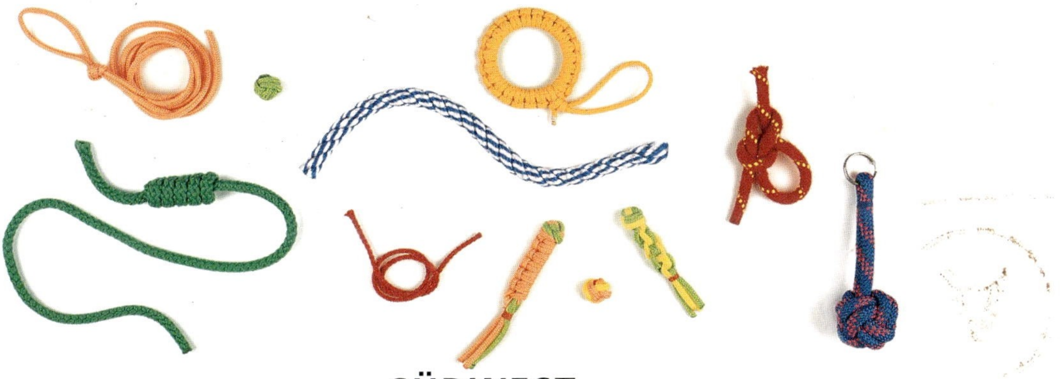

SÜDWEST

Kleine Knotenkunde

Stopperknoten sind Endknoten, die das Ende eines Seiles vor dem Durchrutschen durch ein Führungsgehäuse sichern. Ein Verbindungsknoten und Schlingen dienen der Verknüpfung zweier Seile. Steke werden angesteckt, um ein Seil mit einem Gegenstand zu verbinden. Zierknoten macht man ganz einfach aus Spaß am Knotenmachen und um das eine oder andere Objekt zu verschönern.

Zierknoten

Stopperknoten

Verbindungsknoten

Steke

Wann hast du das letzte Mal einen Knoten geknüpft? Beim Binden deiner Schuhe? Beim Verpacken eines Geschenkes oder während deines letzten Campingurlaubes beim Festzurren deines Zeltes? Knoten gehören zu unserem Alltag, ohne richtig bemerkt zu werden. Welcher Reichtum und welche Kunst sich hinter den geläufigen Alltagsknoten noch verbirgt, möchten wir dir mit diesem kleinen Buch zeigen. Knoten gibt es, seitdem es Schnüre gibt. Sie spielen eine wichtige Rolle in der Entwicklung unserer Kultur. Sie fanden beim Bau von Behausungen und der Herstellung von Werkzeug und Waffen ebenso Verwendung wie auf den prächtigen Segelschiffen im Zeitalter der großen Entdeckungen. In vielen Berufen, vor allem im Handwerk, finden sich seit Generationen überlieferte Spezialknoten. Bestimmt hast du schon einmal einen Fischer beim Knüpfen eines Netzes gesehen. Für Sportarten wie Angeln, Bergsteigen und natürlich Segeln sind Knoten unentbehrliche Helfer. In der Seefahrt entwickelte sich das Knotenknüpfen zur hohen Kunst, die jeder echte Seemann beherrscht und immer wieder gerne mit ein paar gekonnten Fingerübungen zeigt. Weißt du, wie viele unterschiedliche Knoten es gibt? Heute sind uns über viertausend Knotenformen bekannt. Ihre Eigenart wird von der Aufgabe bestimmt, für die sie gedacht sind. Die Reibung und zusammenpressende Kraft, die in den Windungen und ganz speziellen Drehungen des Knotens wirken, begründen seine große Nützlichkeit. Wir haben für dich eine kleine Auswahl einfacher und vielseitig verwendbarer Knoten zusammengestellt. Die einzelnen Handgriffe werden Schritt für Schritt dargestellt und mit Zeichnungen erläutert. Die Symbole über den Materialangaben zeigen dir auf einen Blick, für welchen Zweck der Knoten geeignet ist: Als Allzweckknoten, zum Angeln, Campen, Klettern, Segeln oder als Zierknoten. Und lass dich von der Seemannssprache in den Anleitungen nicht abschrecken. Du bist bestimmt bald ein Meister darin und kannst fortan bei jedem Knotenfachgespräch locker mithalten.

Vom Seil zum Knoten

Um einen Knoten beschreiben und nachmachen zu können, ist es wichtig, ein paar seemännische Fachausdrücke zu kennen. Knoten entstehen, indem man »Augen«, »Buchten« und »Törns« mit dem »Tampen« eines Seils bildet und das Ende hindurchsteckt.
Ein Seil wird unterteilt in die »lose« oder »laufende Part« und die »stehende Part«. In der Zeichnung siehst du die Bedeutung der einzelnen Begriffe. Die ebenfalls dargestellten Pfeile sind Richtungspfeile. Ein langer Pfeil zeigt dir den nächsten Schritt an; ein kurzer Pfeil zeigt dir, an welchen Parten du deinen Knoten durch Zug in Endform bringst.
Übrigens: Ein Tampen wird »gesteckt«, das Ende »gefahren«. Ein Knoten wird »dichtgeholt«, so dass die Parten sich »bekneifen«. Wenn ein Knoten aufgemacht wird, nennt man dies »lösen«. Die verschiedenen Knoten eignen sich nicht nur fürs Segeln, sondern auch zum Zelten, beim Klettern oder Angeln, oder einfach als Zierknoten – siehe dazu die Symbole auf der rechten Seite.

»Seil« oder »Leine« ist die Bezeichnung für jede Art von Tauwerk. Ab einem Durchmesser von 8 mm spricht man von einem Tau, ab 25 mm von einer »Trosse«. Die Herstellung eines Seils kann auf zwei Arten erfolgen, durch »verdrehen« oder »flechten«. Beim Verdrehen werden so genannte »Kardeele« (verzwirnte Garne) miteinander verdrillt. Die Drehung nennt man »Schlag«. Der Mantel eines geflochtenen Seils kann hohl sein oder einen Kern (»Seele«) haben.

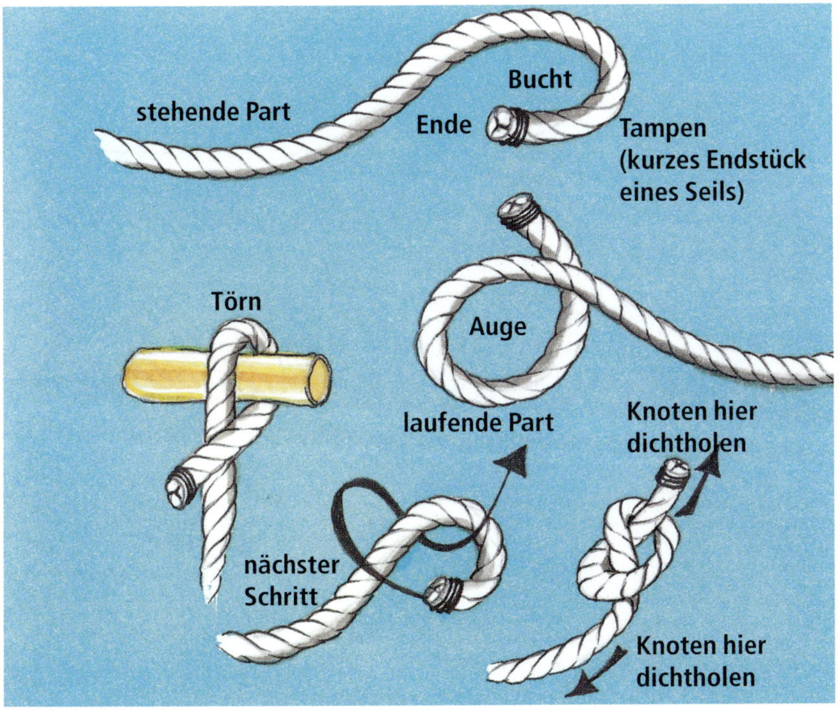

Wer die richtigen Fachausdrücke kennt, beherrscht bald die hohe Kunst des Knotenknüpfens.

Überhandknoten

Material

Überhandknoten

1 Seil

Feuerleiter

1 Seil, ca. 1 m lang, ca. 5 mm stark

Der Überhandknoten ist eine der ältesten Knotenformen und bildet die Grundlage für viele andere Knoten. Bestimmt hast du ihn schon einmal beim Hochklettern an einem Seil selbst kennen gelernt. In Rettungsleinen wird er mehrfach geknüpft, um das Abgleiten im Seil zu verhindern. Im Nu ist diese so genannte Feuerleiter fertig.

1 Beim Überhandknoten legst du zuerst mit der losen Part ein Auge. Ob du dabei den Tampen vor oder hinter der stehenden Part fährst, kannst du selbst entscheiden.

2 Anschließend steckst du den Tampen aus der entgegengesetzten Richtung durch das Auge. Danach ziehst du an beiden Parten. Auf diese Weise holst du den Knoten dicht.

3 Für die Feuerleiter machst du mehrere Knoten hintereinander. Lege mit der stehenden Part, am Tampen beginnend, ein Auge. Lege dann ein jeweils größeres Auge darüber.

4 Lege so viele Augen wie du Knoten haben möchtest. Fahre dann den Tampen vom kleinsten Auge aus durch alle Augen und hole dabei jeweils ein kleineres Auge durch die größeren Augen.

Der Überhandknoten wird als Stopperknoten in die Tampen gebunden und verhindert ein Durchrutschen (in der Segelsprache spricht man vom Ausrauschen) der Leinen durch Klemmen und Blöcke (Führungsgehäuse für Tauwerk).

Zum Hochklettern und Abseilen: kleine Knoten für große Abenteuer.

Mehrfacher Überhandknoten

Trotz vieler Törns kannst du diesen Knoten in einem Zug so dichtholen, dass die einzelnen Umschlingungen keinen Zwischenraum frei lassen. Mach so viele Törns, wie du möchtest. Bei mehr als vier solltest du allerdings ein weiches Seil verwenden. Bei steifem Material musst du die Parten mehrmals durchholen, um den Knoten in Endform zu bringen.

Material

1 Seil (der Knoten braucht mehr Material als der einfache Überhandknoten)

1 Bei einem dreifachen Überhandknoten machst du drei Törns um die stehende Part des Auges und holst sie dicht. Wenn du zwei Törns legst, erhältst du einen doppelten Überhandknoten.

2 Für den vierfachen Überhandknoten bildest du zuerst mit der losen Part ein großes Auge. Halte dich exakt an die Zeichnung und fahre den Tampen hinter der stehenden Part vorbei.

3 Nun legst du mit dem Tampen vier Törns um die stehende Part des Auges. Orientiere dich an der Zeichnung von Schritt 2 und beachte den langen Richtungspfeil.

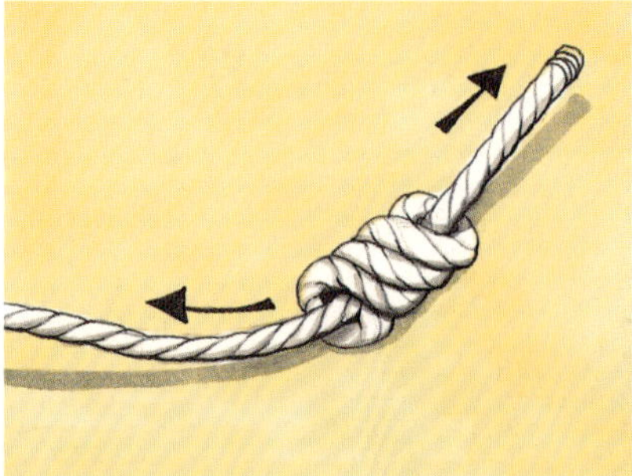

4 Wenn du nun gleichmäßige Törns gelegt hast und an beiden Parten anziehst, kannst du den Knoten in einem Zug dichtholen. Es soll kein Zwischenraum mehr zu sehen sein.

Die Seeleute verwenden den mehrfachen Überhandknoten zum Beschweren von Segeln und Tauwerk oder als Stopperknoten in dünnerem Tauwerk. Er lässt sich allerdings nur schwer öffnen, vor allem, wenn er nass geworden ist. Die Kapuzinermönche benutzen ihn an der Kordel ihrer Kutte, damit die Kordelschnüre sauber hängen.

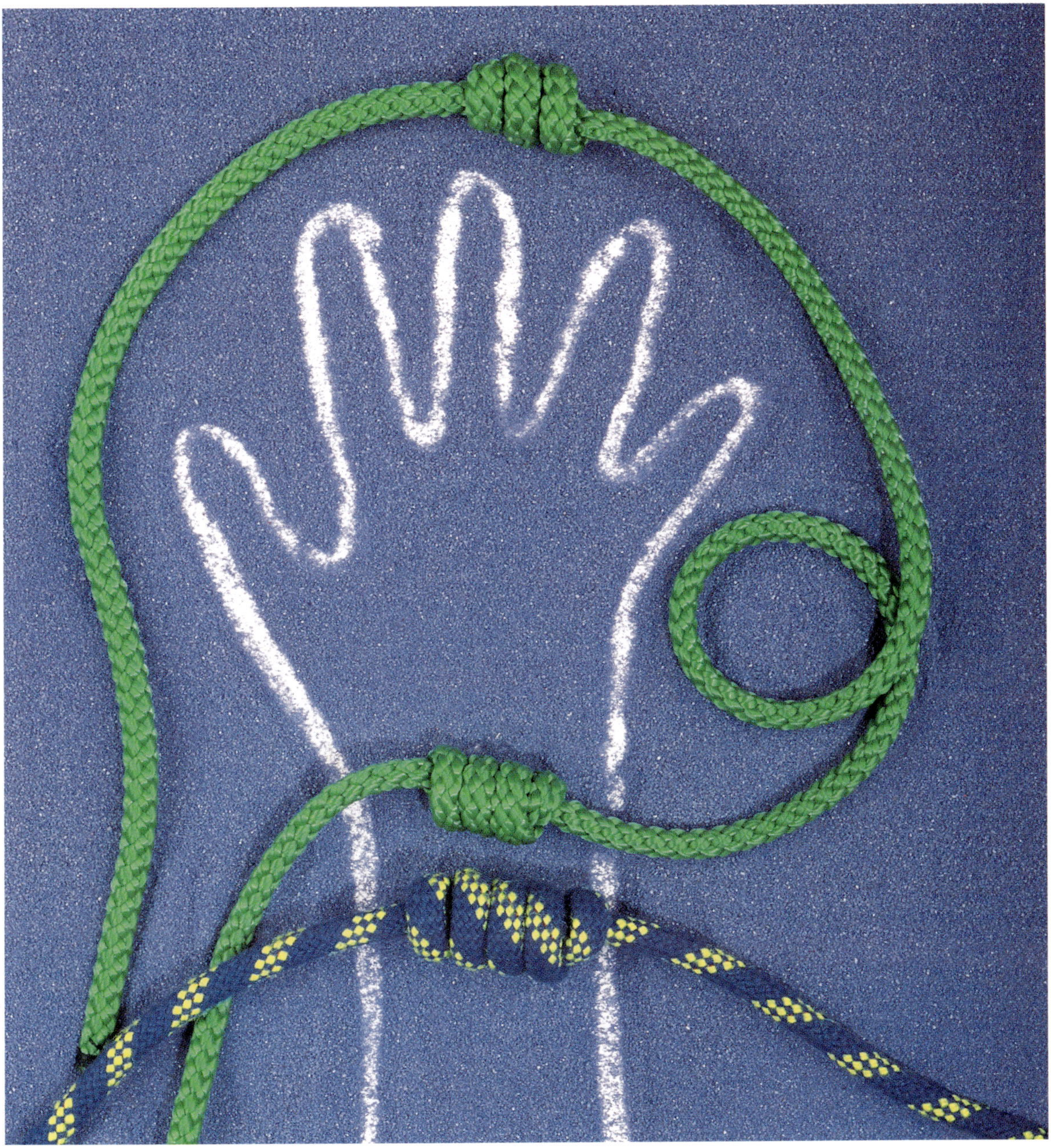

Achtknoten

Material

Achtknoten

1 Seil

Doppelter Achtknoten

1 Seil (der Knoten benötigt mehr Material als der Achtknoten)

Zu den gebräuchlichsten Stopperknoten an Bord gehört der Achtknoten, dessen Endform einer Acht gleicht. Er ist einer der sichersten Knoten und verhindert ein Ausrauschen der Leinen aus Klemmen und Blöcken. Der doppelte Achtknoten erfüllt den gleichen Zweck, ist jedoch aufwendiger zu machen. Beide Knoten lassen sich leicht lösen.

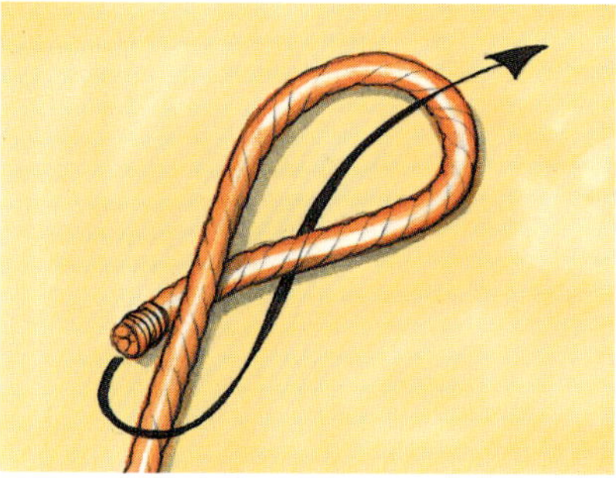

1 Beim Achtknoten bildest du mit der losen Part des Seils zuerst ein Auge. Ob du den Tampen vor oder hinter der stehenden Part fährst, kannst du selbst entscheiden.

2 Fahre nun den Tampen um die stehende Part herum und stecke das Ende von der entgegengesetzten Richtung aus durch das Auge. Den Knoten an beiden Parten dichtholen.

Wie wär's mit einer lustigen Affenkette? Suche dir eine schöne Schnur und stecke einfach mehrere Achtknoten in eine Richtung. Fertig! Die Affenkette eignet sich auch als Gürtel oder Tragriemen.

3 Für den doppelten Achtknoten bildest du mit der losen Part eines langen Endstückes ein ovales Auge. Danach fährst du mit dem Tampen einen Törn um die stehende Part.

4 Jetzt fährst du den Tampen abwechselnd um die beiden stehenden Parten und steckst ihn dadurch nach jedem Törn durch das Auge. Den Knoten an beiden Parten dichtholen.

Der Achtknoten gilt seit langem als Symbol für Freundschaft.

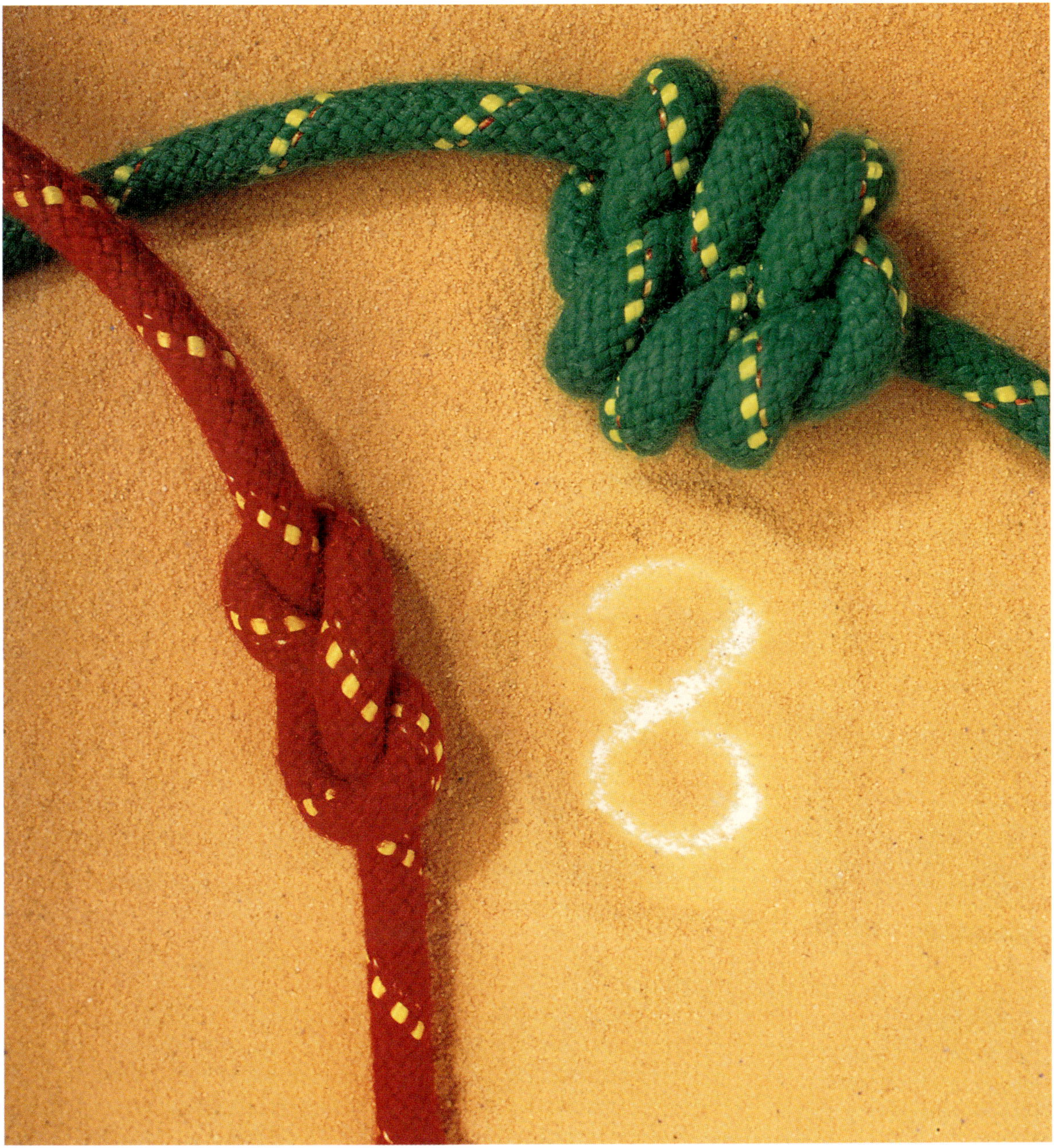

Wurfleinenknoten 

Material
1 Seil aus beliebigem Material

Die Bezeichnung sagt bereits etwas über seinen Verwendungszweck aus: Mit einem Wurfleinenknoten lässt sich ein Seilende leichter und weiter werfen als mit einem gewöhnlichen Knoten. Er ist ein idealer Knoten für Piratenspiele aller Art und fürs Weitwerfen, Zielwerfen und Entern eines Schiffes unentbehrlich. Ein Knoten, der es in sich hat!

1 Für diesen Knoten brauchst du ein langes Endstück. Bilde mit dem Tampen zwei in entgegengesetzter Richtung liegende Buchten. Stecke dann das Ende durch die erste Bucht.

2 Im Anschluss daran machst du einen Törn um die stehende und mittlere Part. Beachte in der Abbildung das dunklere Seilende und auch den langen Richtungspfeil in Schritt 1.

3 Fahre den Tampen in mehreren Törns um die drei Parten. Sollte dein Seilende für diesen Arbeitsschritt zu kurz sein, beginne den Knoten von neuem mit einem längeren Endstück.

4 Den letzten Törn machst du nur um die stehende und die mittlere Part. Stecke das Ende durch die zweite Bucht. Hole die Parten durch und bringe den Knoten noch in Endform.

Versuche, die Törns möglichst dicht um die drei Parten zu fahren. Auf diese Weise kannst du den Knoten leichter in seine Endform bringen.

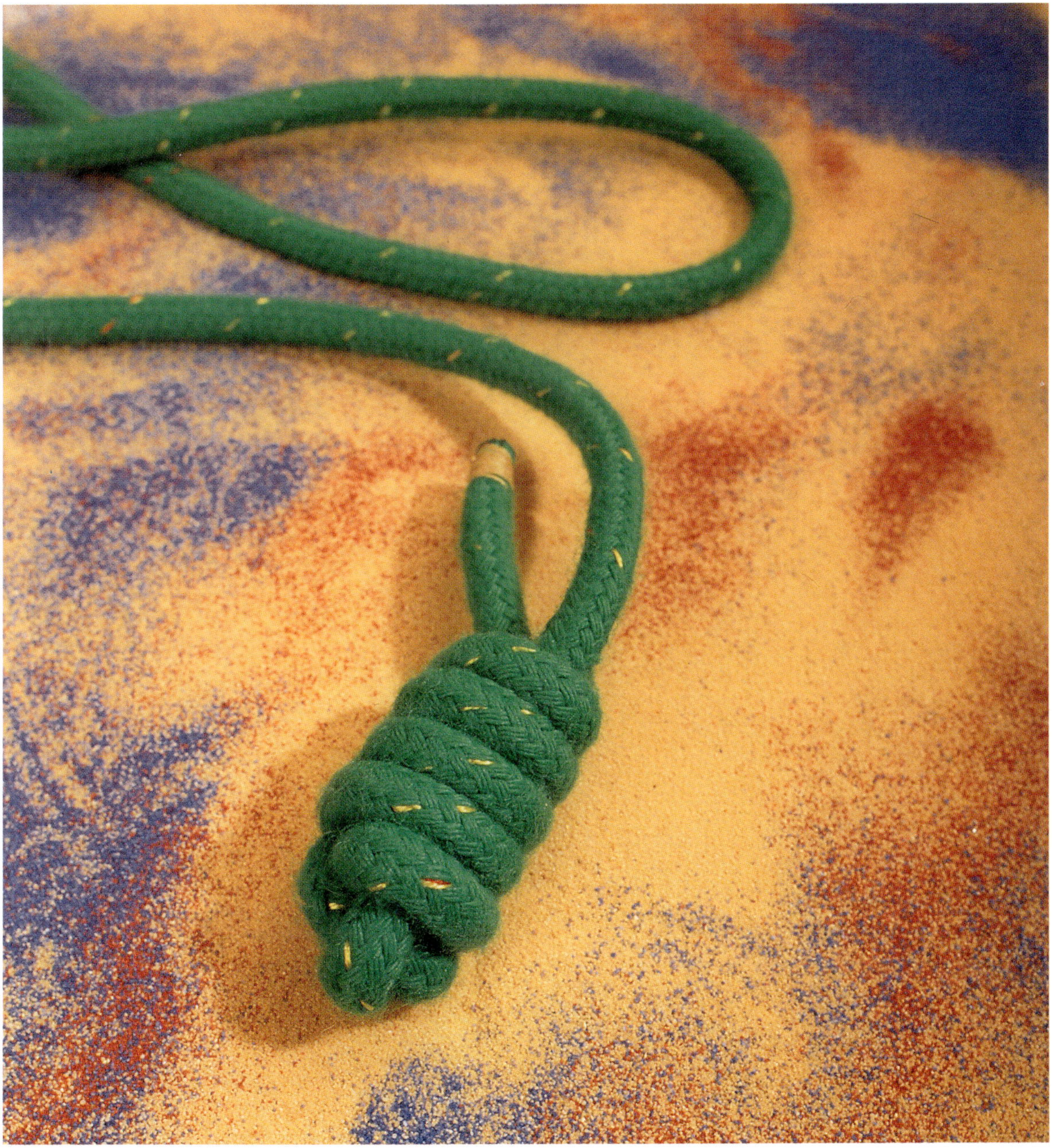

Kreuzknoten

Der Kreuzknoten ist bereits seit der Steinzeit bekannt. Er gilt als zuverlässiger Verbindungsknoten, wenn die Tampen aus dem gleichen Material und gleich stark sind. Wichtig: Beide Parten eines Seils müssen nebeneinander aus der Bucht des anderen Seils fahren. Zum Lösen des Knotens ziehst du an einem der Tampen.

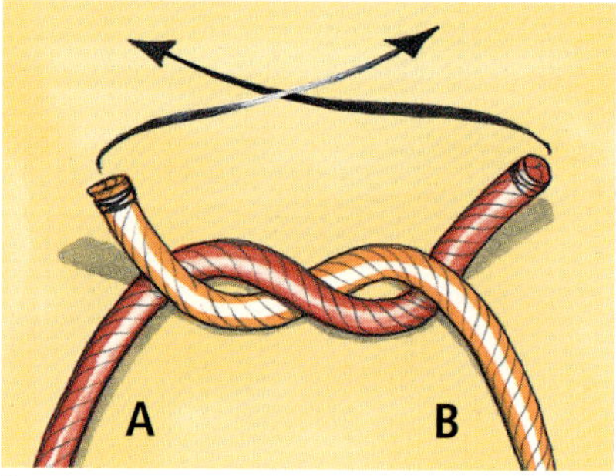

1 Für den Kreuzknoten machst du zuerst einen Überhandknoten: Fahre die Tampen so über Kreuz, dass Seil B auf Seil A liegt. Danach fährst du mit Tampen A einen Törn um Tampen B.

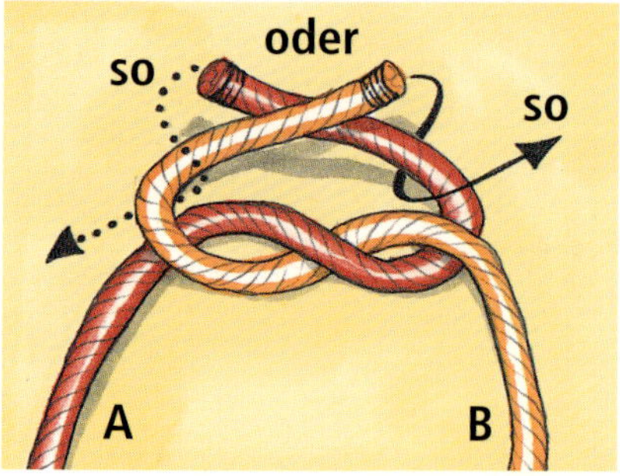

2 Fahre anschließend die Enden des Seils so über Kreuz, dass Tampen B wieder auf Tampen A liegt. Beachte dabei auch die Richtungspfeile in der Zeichnung zu Arbeitsschritt 1.

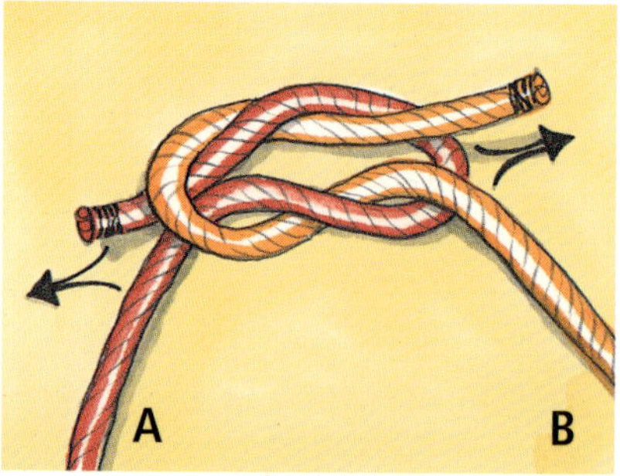

3 Lege mit Tampen B einen Törn um Tampen A oder umgekehrt (A um B). Beide Parten der Seile fahren jetzt nebeneinander aus der Bucht des anderen Seils. An allen Parten dichtholen.

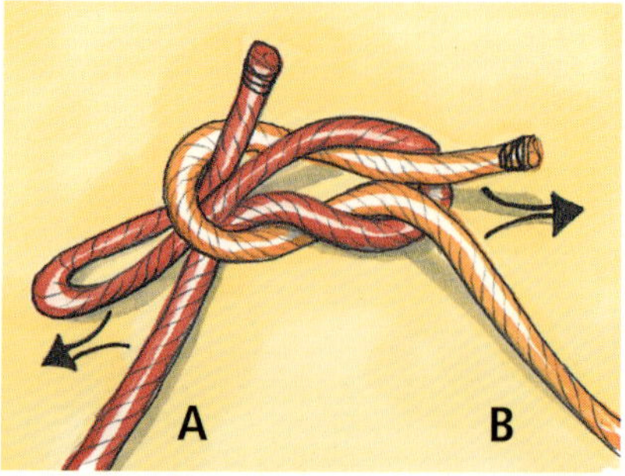

4 Du kannst den Kreuzknoten auch auf Slip stecken: Nimm einen der Tampen und bilde eine Bucht. Nun steckst du das Seilende wieder zurück in die Bucht des anderen Tampens.

Den Kreuzknoten kannst du sehr gut beim Verschnüren von Paketen verwenden. Segler setzen ihn ein, wenn bei aufkommendem Starkwind die gerefften Segel zu sichern sind. Er wird deshalb auch Reffknoten genannt. Auf Slip gesteckt, lässt er sich auch unter Belastung lösen (siehe Schritt 4).

Die Griechen nannten diesen starken Knoten den »Herkulesknoten«.

Schotstek

Der Schotstek ist schnell und leicht zu binden und wird häufig verwendet, um zwei gleich starke Seile – zum Beispiel als Schleppleinen – zu verbinden. Bei unterschiedlich starken Seilen empfiehlt sich der doppelte Schotstek. Beide Steke bekneifen sich stark bei Belastung und lassen sich dennoch leicht wieder lösen.

Material

Schotstek

2 Seile gleicher Beschaffenheit

Doppelter Schotstek

1 dickes Seil

1 dünnes Seil

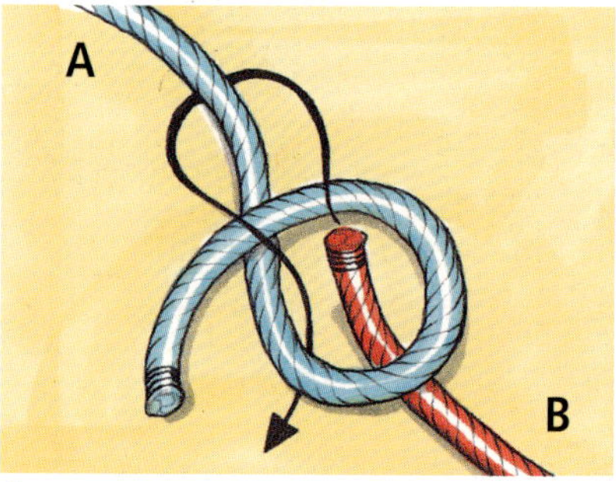

1 Beim einfachen Schotstek bildest du mit dem Tampen von Seil A über die stehende Part hinweg ein Auge. Danach steckst du den Tampen von Seil B von hinten aus durch das Auge.

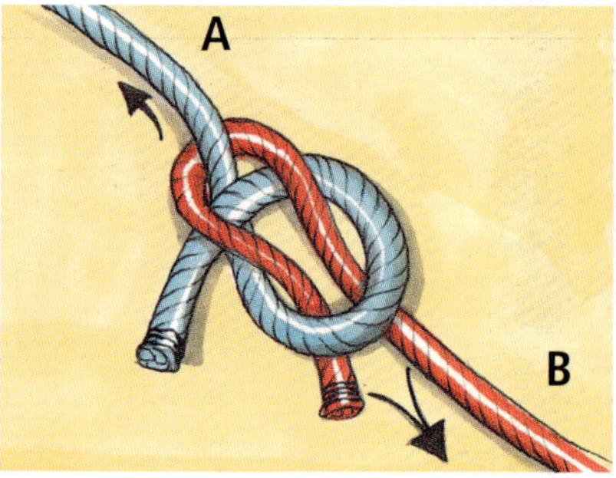

2 Fahre mit dem Tampen hinter die stehende Part und stecke ihn von oben durch das Auge. Hole die Parten entsprechend den Richtungspfeilen dicht und bringe den Knoten in Endform.

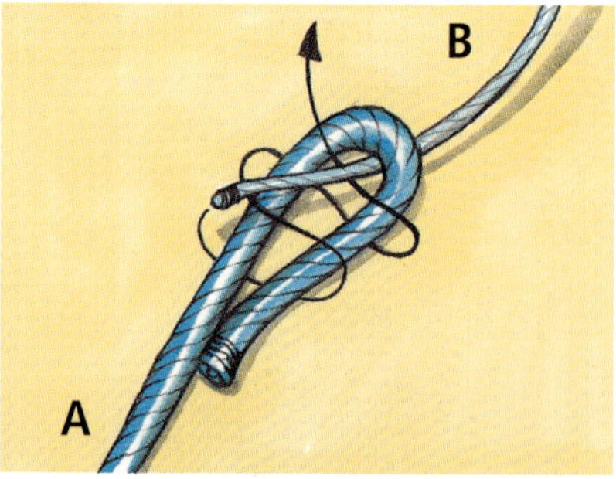

3 Beim doppelten Schotstek bildest du mit dem Tampen des stärkeren Seiles A eine Bucht und steckst den Tampen des dünnen Seiles B von hinten durch die Bucht. Fahre ihn zur stehenden Part von Seil A.

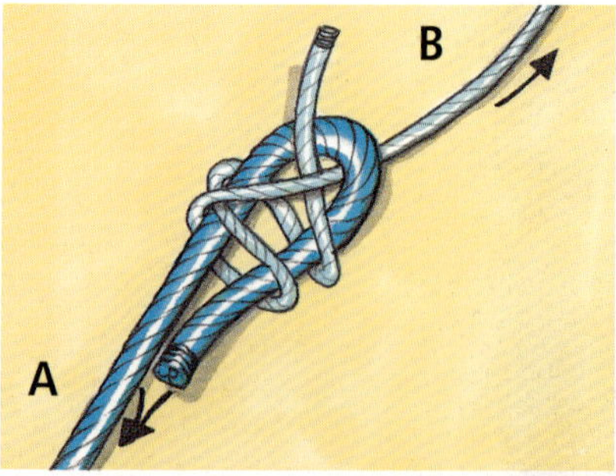

4 Danach fährst du den Tampen zweimal um die Bucht. Achte darauf, dass du den Tampen nach jedem Törn unter seiner stehenden Part hindurchsteckst. Die Parten dichtholen.

Mit Schotsteken kannst du auch in Streifen gerissene Bettlaken als Abseilhilfe aneinanderknoten; die Enden dann zusätzlich mit einem Stopperknoten sichern. Aber Vorsicht! Nicht einfach an Mamas Wäscheschrank gehen. Vielleicht hat sie ein paar verschlissene Laken für euch übrig.

1 2 3 4 5! Flinke Hände formen den Schotstek in Sekundenschnelle.

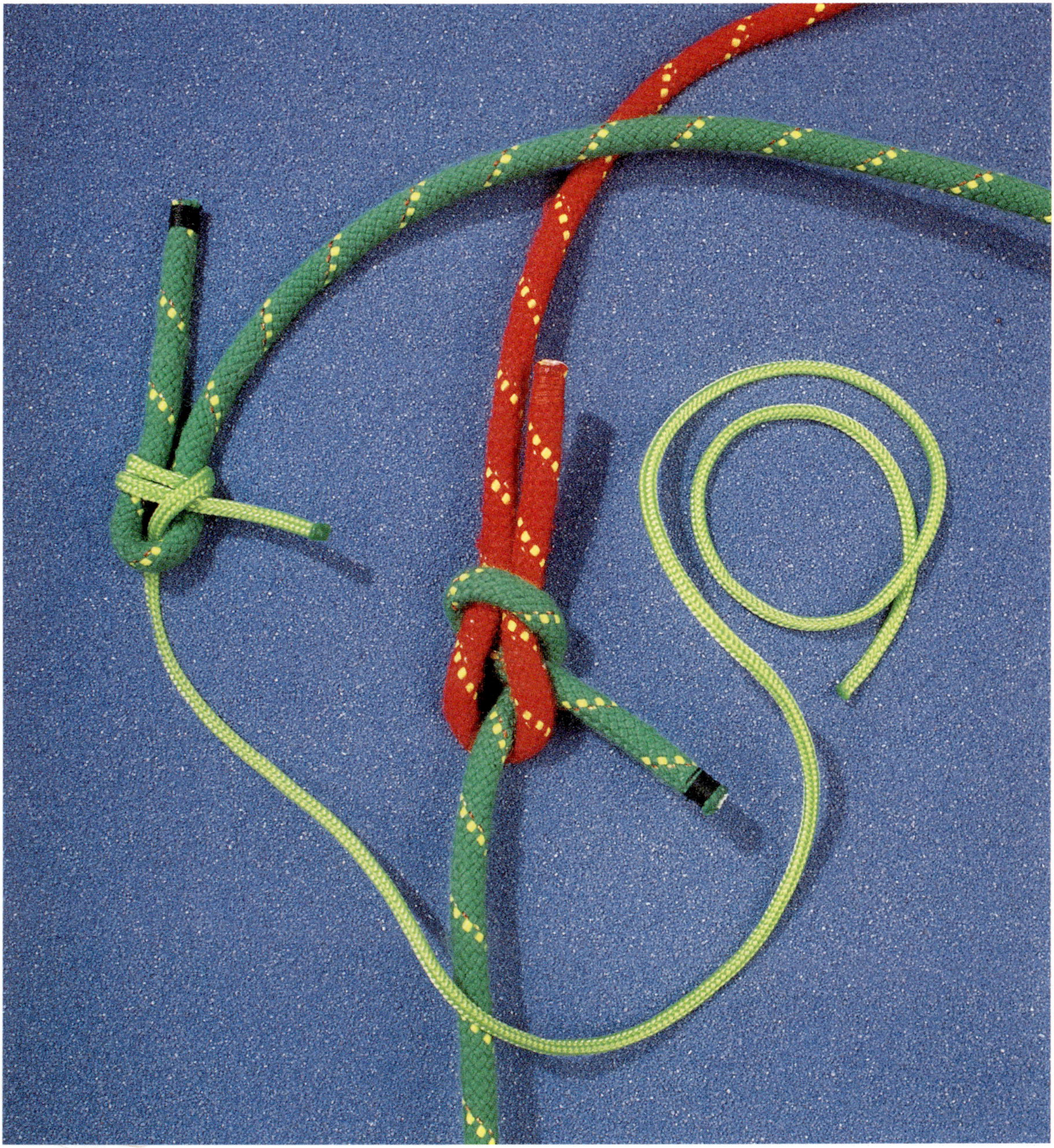

Webeleinstek

Material

1 Seil

1 Rundholz oder Ähnliches

Der Webeleinstek ist einer der gebräuchlichsten Bindeknoten und kann auf verschiedene Arten verwendet werden. Er ist schnell gesteckt und wird meist mit zwei halben Schlägen gesichert. Mit dem Webeleinstek kannst du die Spannleinen deines Zeltes festmachen oder ihn um mehrere Pfähle binden und so ein Gebiet abgrenzen.

1 Beginne den Webeleinstek mit einem Rundtörn: Nimm den Tampen und fahre ihn von links nach rechts um das Rundholz herum. Kreuze außerdem vor der stehenden Part.

2 Anschließend machst du nochmals einen Rundtörn. Kreuze ihn dieses Mal hinter der stehenden Part. Die Rundtörns müssen auf der Rückseite des Holzes neben- bzw. untereinander liegen.

3 Stecke den Tampen von unten durch den zuletzt gefahrenen Törn, so dass beide Parten in entgegengesetzter Richtung aus den Rundtörns herausfahren. Die Parten dichtholen.

4 Wenn der Knoten unter hoher Belastung schnell gelöst werden muss, ist die hier gesteckte Bucht (der »Slip«) sehr hilfreich: Das Tampenende wird einfach zurück in den letzten Törn gesteckt.

Mit etwas Übung kannst du den Webeleinstek auch einhändig um einen Pfahl binden. Nach ein paar Versuchen klappt es bestimmt!

Auf diesen Festmacher können echte Seemänner und Handwerker nicht verzichten.

Kuhstek

Der Kuhstek ist, du vermutest ganz richtig, ein Knoten, mit dem man eine Kuh oder eine Ziege an einem Pfosten festbindet. Beim nächsten Aufenthalt im Wilden Westen kannst du damit aber auch schnell mal dein Pferd vor dem Saloon »parken«. Im Seemannsjargon heißt der Stek »Jungferstek« oder »Taljereepstek«.

1 Beginne diesen Festmacherknoten wie folgt: Nimm den Tampen des Seils und mache einen Törn um das Rundholz. Danach fährst du ihn um die stehende Part des Seils.

2 Nun legst du in entgegengesetzter Richtung wie zuvor einen weiteren Törn um das Rundholz. Die Bucht, die sich zwischen den beiden Törns ergibt, lässt du etwas locker.

3 Jetzt steckst du das Ende durch diese Bucht und holst den Knoten an beiden Parten dicht. Der Stek ist perfekt, wenn beide Parten nebeneinander aus der Bucht fahren.

4 Bei Zug auf beiden Parten bekneift sich der Knoten zuverlässig. Wenn jedoch nur die stehende Part belastet wird, ist ein Stopperknoten (hier: Überhandknoten) wesentlich sicherer.

Auf Großseglern waren so genannte »Jungfern« Holzscheiben mit einem großen oder drei kleineren Löchern in der Mitte. Sie wurden in die seitlichen Verspannungen des Mastes eingeflochten und dienten als Gehäuse zur Führung von Tauwerk. Die Kombination von Jungfern und Tauwerk hieß »Taljenreep« – vergleichbar mit einem Flaschenzug. Mit Hilfe der Taljenreeps konnten Verspannungen verstärkt werden.

Der Kuhstek hält nicht nur Kühe am rechten Platz.

Palstek

Material
1 Seil

Der Palstek wird im Gegensatz zu anderen Steken nicht direkt um einen Gegenstand gebunden, sondern mit seiner Schlaufe gehängt oder geworfen. Diesen Knoten verwendet man, um ein Boot an Pollern zu befestigen. Der laufende Palstek hat eine Schlinge. Kommt Zug auf die stehende Part des Seils, zieht sich die Schlinge zusammen.

1 Beim Palstek nimmst du zuerst den Tampen und bildest damit ein Auge. Fahre ihn so, dass er vor der stehenden Part kreuzt und das Ende weiter um die stehende Part fährt.

2 Anschließend steckst du das Ende des Tampens von hinten durch das Auge. Kreuze wieder zuerst die stehende Part und lege dann einen Törn um sie, so dass die letzte Part eine Schlaufe bildet.

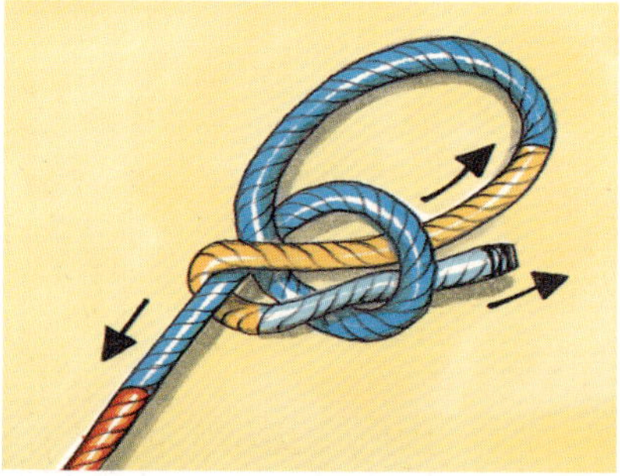

3 Stecke das Ende erneut durch das Auge. Den Knoten an der letzten, vorletzten und stehenden Part dichtholen. Zum Korrigieren der Schlaufengröße die stehende Part entsprechend weit durchholen.

4 Für den laufenden Palstek fährst du den Tampen wie unter 1 bis 3 beschrieben und bildest eine kleine Schlaufe. Stecke zum Schluss das Ende der stehenden Part durch die Schlaufe.

Der Palstek gilt als einer der sichersten Knoten. Ein Seil mit einem laufenden Palstek am Ende verwandelt sich im Nu in ein tolles Lasso. Ein idealer Helfer zum Einfangen von Wildpferden, Räubern und vielem mehr.

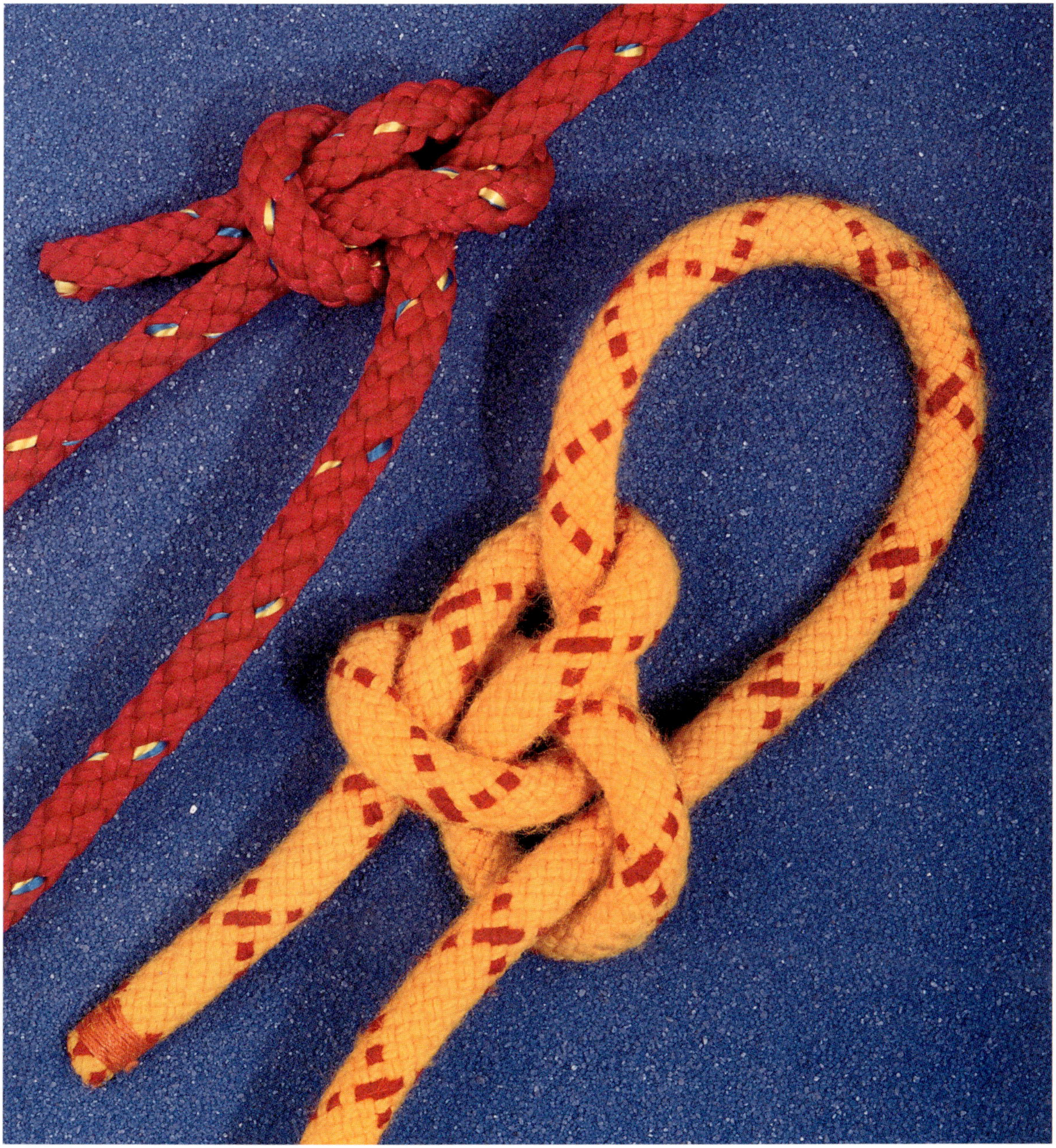

Kronenplatting

Material
2 Seile für vier Parten (Abbild. 1 bis 3)
3 Seile für sechs Parten (Abbild. 4)
Die Seile müssen gleich stark (z. B. 3 mm) und gleich lang (z. B. 80 bis 100 cm) sein.

Eine Platting ist ein Flechtwerk und besteht aus drei bis neun Seilsträngen. Bei Kronenplattings werden die losen Enden abwechselnd und in gleichmäßigem Rhythmus miteinander verknotet. Die hier gezeigten bestehen aus vier und sechs Parten. Eine Platting eignet sich als Zierkordel für eine Trillerpfeife oder ein Taschenmesser und als Freundschaftsband.

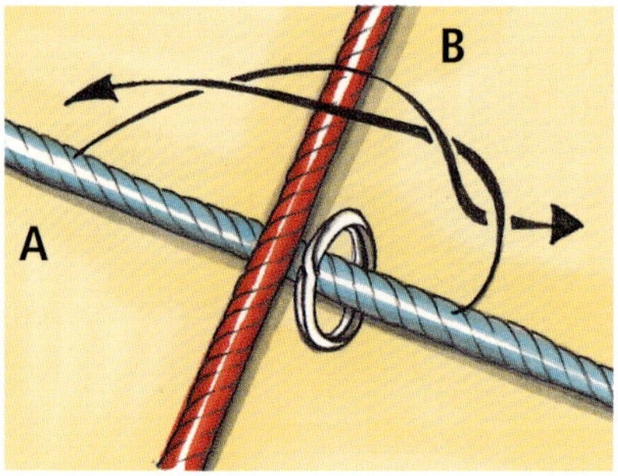

1 Nimm die beiden Seile und lege sie mittig über Kreuz (hier Seil B auf Seil A). Für einen Schlüsselanhänger steckst du an das untere Seil A einen kleinen Ring wie in der Zeichnung zu sehen ist.

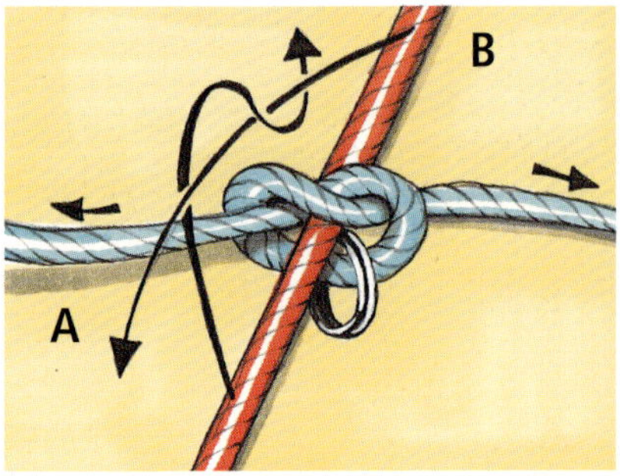

2 Mache mit den Parten von Seil A einen halben Knoten. Fahre die Parten über Kreuz und lege mit der linken Part einen Törn. Den Knoten beidseitig dichtholen. Beachte genau die Pfeile.

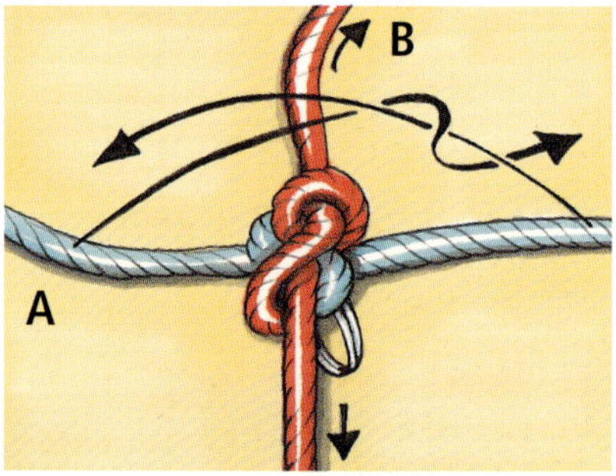

3 Binde über den halben Knoten von Seil A einen halben Knoten mit den Parten von Seil B. Wiederhole abwechselnd Schritt 1 und 2. Die Enden mit Garn zusammenhalten.

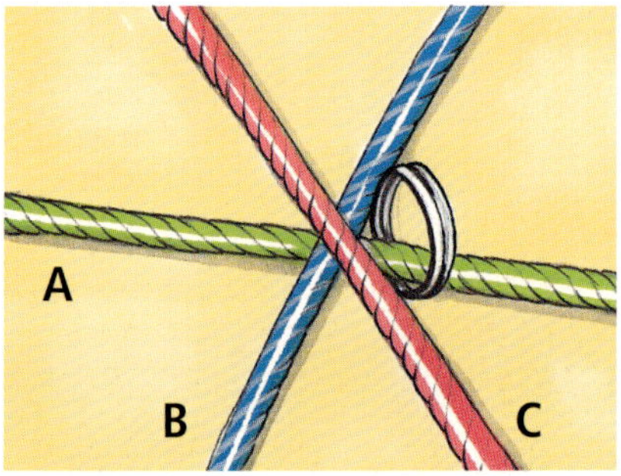

4 Sechspartige Kronenplatting: Lege drei Seile in der Reihenfolge A, B, C über Kreuz. Mache mit Seil A einen halben Knoten. Arbeite weiter mit Seil B, dann mit Seil C. Wiederhole die Reihenfolge.

Damit deine Platting möglichst gleichmäßig und schön wird, ist es wichtig, die Seile während des Knüpfens unter Spannung zu halten.
Der halbe Knoten wird auch halber Schlag genannt (siehe Knotentafel).

Ein tolles Geschenk für Segler: Nebelhorn mit selbst gemachter Platting.

Knopfknoten

Material
2 Seile (zum Üben des Knopfknotens eignet sich steifes Material)

Knopfknoten sind Verdickungsknoten, die früher auf Großseglern meist ans Trossenende gesetzt wurden. Zwölf und noch mehr Kardeele wurden so geschickt ineinandergesteckt, dass wahre Meisterwerke an Endformen entstanden. Eine einfache Form ist der zweipartige Knopfknoten, aus dem, ergänzt mit anderen Knoten, tolle Anhänger entstehen.

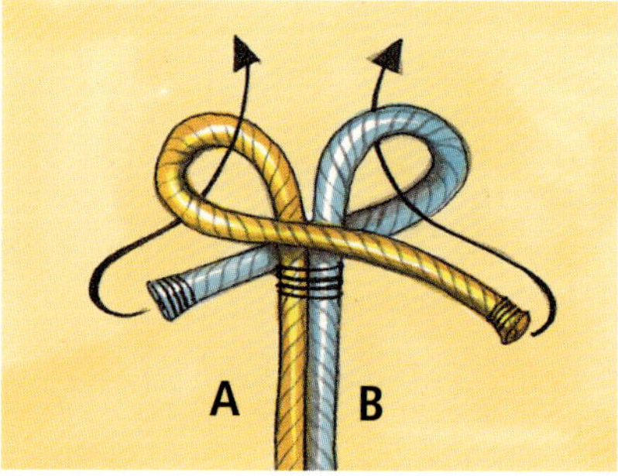

1 Halte die Seile mit Klebeband oder einem Takling zusammen; achte auf ausreichend lange Tampen. Bilde mit jedem Tampen in entgegengesetzter Richtung ein Auge.

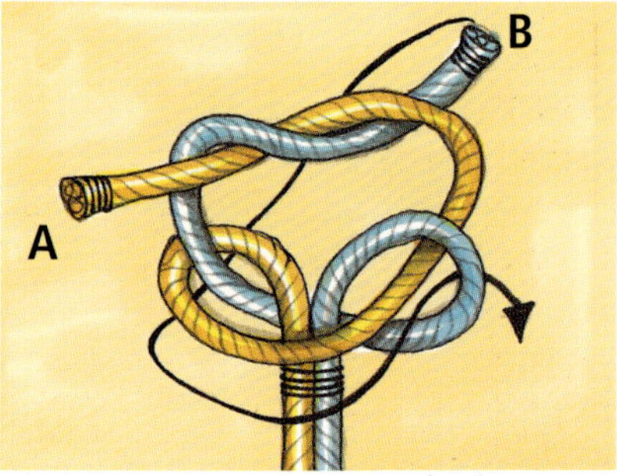

2 Stecke jedes Ende in das Auge des anderen Tampens und mache einen halben Knoten: Fahre die Enden über Kreuz. Tampen A liegt jetzt auf B. Lege mit Tampen B einen Törn um A.

3 Nimm das Ende von Tampen B und fahre es hinter die laufenden Parten von links nach rechts um die stehende Part. Stecke das Ende durch das Auge im Tampen B, unter der Part von Seil A.

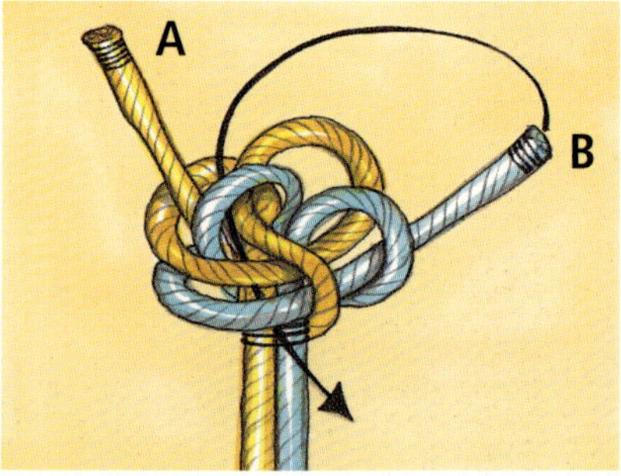

4 Nimm den Tampen A und fahre ihn vor die laufenden Parten von rechts nach links um die stehende Part. Stecke das Ende in die letzte Bucht von Tampen B und durch das Auge von A.

Der Knoten ist richtig gesteckt, wenn immer zwei Parten aus der Bucht der anderen fahren. Du kannst den Knoten auch als richtigen Knopf verwenden: Umwickle die Parten dicht am Knopf mit Garn, sichere die Naht mit einem Stich durch das Seil und schneide die Enden ab.

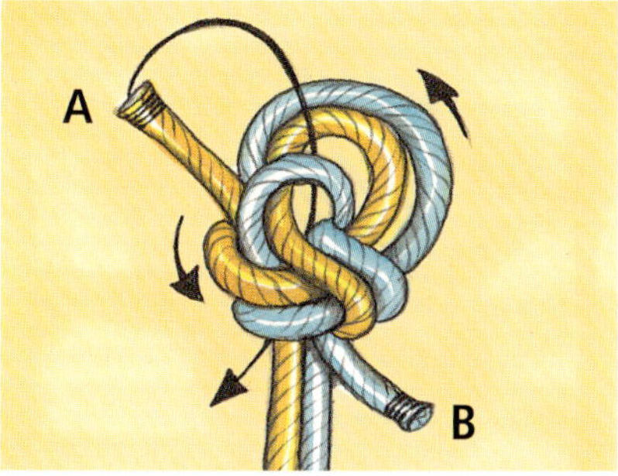

5 Nun nimmst du wiederum das Ende von Tampen B und fährst es von oben in die vorletzte Bucht von Tampen B, durch das Auge von Tampen A und in die letzte Bucht von Tampen B.

6 Stecke das Ende von Tampen A in die letzte Bucht und durch das Auge von Tampen A und in die letzte Bucht von Tampen B. Forme den Knoten; hole die Parten öfters durch.

Der Knopfknoten schmückte die Enden von Seilen, die auf Schiffen als Handlauf dienten. Manchmal wurden die Kardeele vor dem Knüpfen noch mit Segeltuch verziert und die fertigen Knoten in verschiedenen Farben lackiert.

Sind sie nicht kleine Meisterwerke? Mit etwas Geduld schmücken sie bald dein liebstes Kleid oder Hemd.

Affenfaust

Die Affenfaust ist sowohl ein nützlicher Wurfleinenknoten als auch ein schmückender Endknoten. Ein Affenfaustknoten als Schlüsselanhänger oder am Reißverschlusszipper deines Rucksacks sieht super aus. Wenn du den hier vorgestellten Zwei-Lagen-Knoten beherrschst, kannst du dich an einen Drei- oder sogar Vier-Lagen-Knoten wagen.

Material

1 Seil (zum Üben steifes Material verwenden, um die Lagen besser in Form halten zu können)

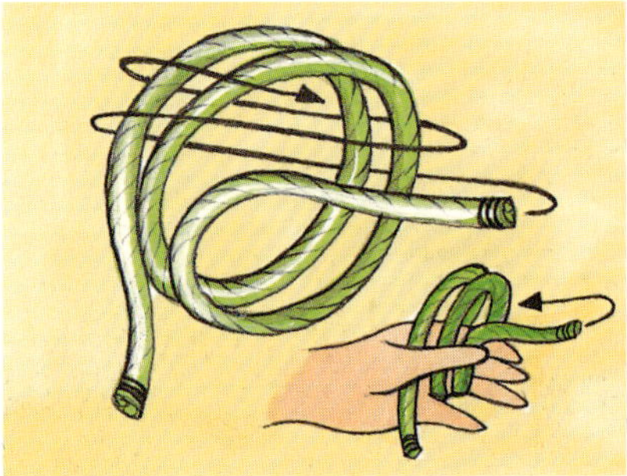

1 Zuerst machst du zwei Törns um deine linke Hand: die stehende Part halten und die lange, lose Part fahren. Die Lagen immer an den gleichen Stellen wie abgebildet gut festhalten.

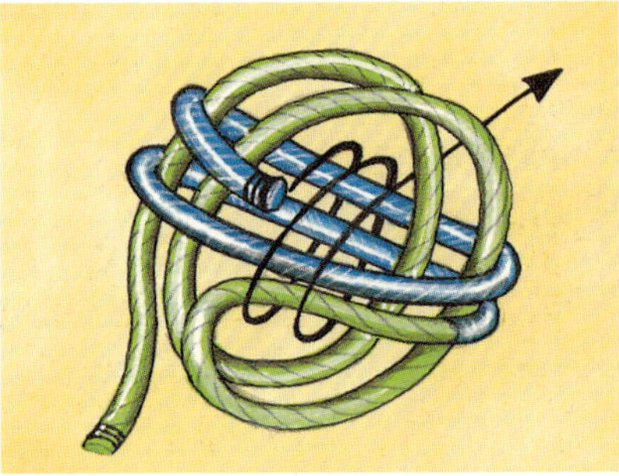

2 Anschließend winkelst du die lose Part oberhalb des Daumens ab und machst zwei Törns um die ersten beiden. Die Lagen der einzelnen Törns müssen immer parallel verlaufen.

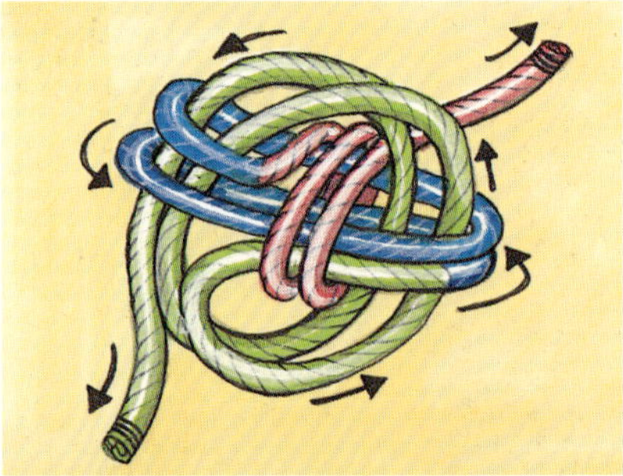

3 Halte auch die Lagen der letzten beiden Törns mit dem Daumen fest. Lege zwei Törns um sie herum. Fahre den Tampen innerhalb der ersten beiden Törns. Die Parten durch- und dichtholen.

4 Um dem Knoten Fülle zu geben, machst du einen Überhandknoten in das Tampenende und steckst ihn in die Mitte des Knotens. Hole die Parten dicht und stecke mit der losen Part eine Schlaufe.

Zierknoten und andere dekorative Verzierungsarbeiten mit Tauwerk heißen in der Fachsprache »Fancywork«. Der Name kommt aus dem englischen und bedeutet so viel wie »Liebhaberarbeiten«. Zierknoten und anderes Fancywork waren auf großen Seglern ein beliebter Zeitvertreib für die Besatzung.

Aus der Zauberkiste des alten Seebären: die kugelrunde Affenfaust.

Knotentafel

Wenn du alle Knoten in diesem Büchlein beherrschst, kannst du dir deine eigene Knotentafel basteln. Am besten verwendest du für die Knoten 4 und 6 mm starke Leinen. Für die Tafel benötigst du ca. 10 mm starkes Pappelholz in der Größe von 550 x 350 mm (aus dem Baumarkt mit Zuschnittservice). Zuerst schleifst du die Schnittkanten glatt und rundest dabei die Ecken ab. Nachdem du den Schleifstaub sorgfältig mit einem Tuch entfernt hast, klebst du mit Bastelleim ein ca. 8 mm starkes Naturseil um die Tafel. Danach kopierst du den Seemann auf der letzten Seite als Vorlage auf transparentes Papier und schneidest ihn aus. Du kannst aber auch deinen eigenen Seemann oder ein anderes Motiv aufmalen und ausschneiden. Klebe den Seemann oder dein anderes Bild in die Mitte der Tafel. Zum Schluss klebst du die Knoten und die ebenfalls kopierten oder auch selbst geschriebenen Knotennamen auf.

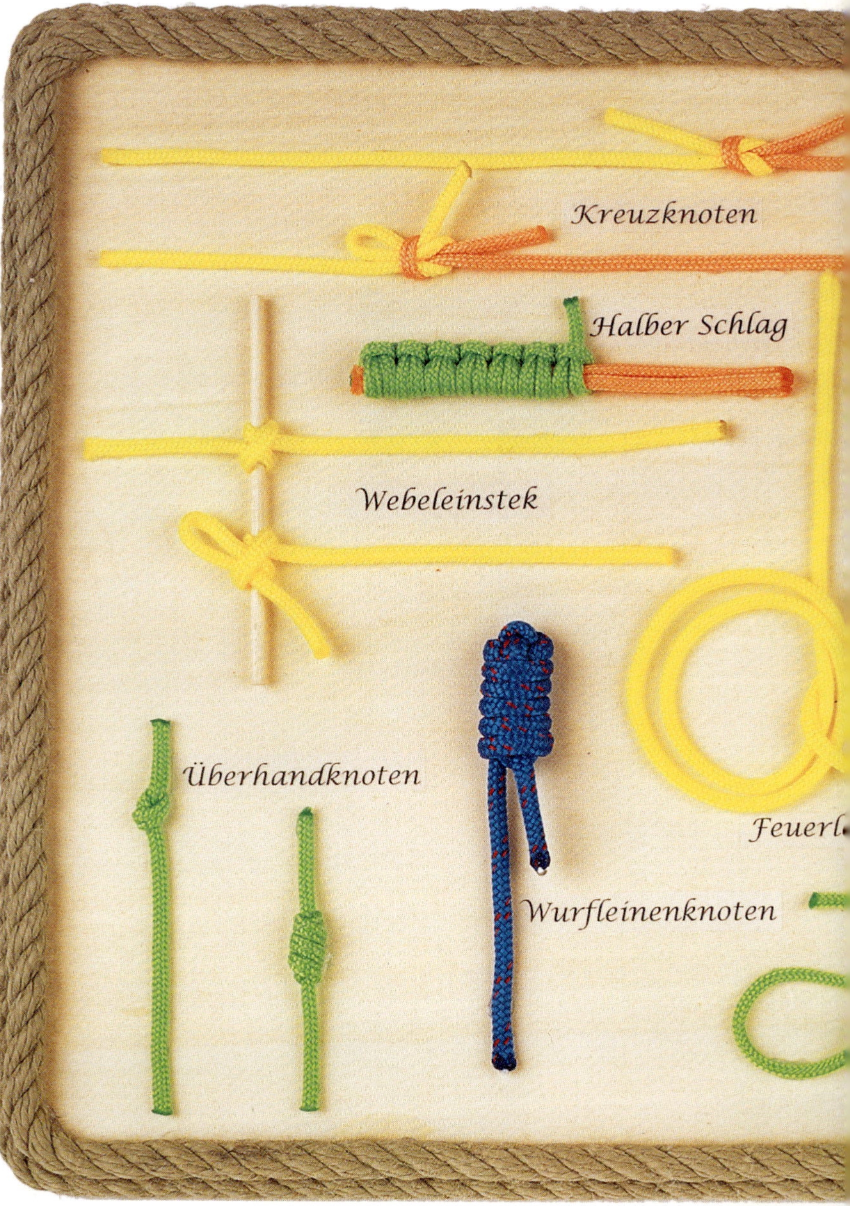

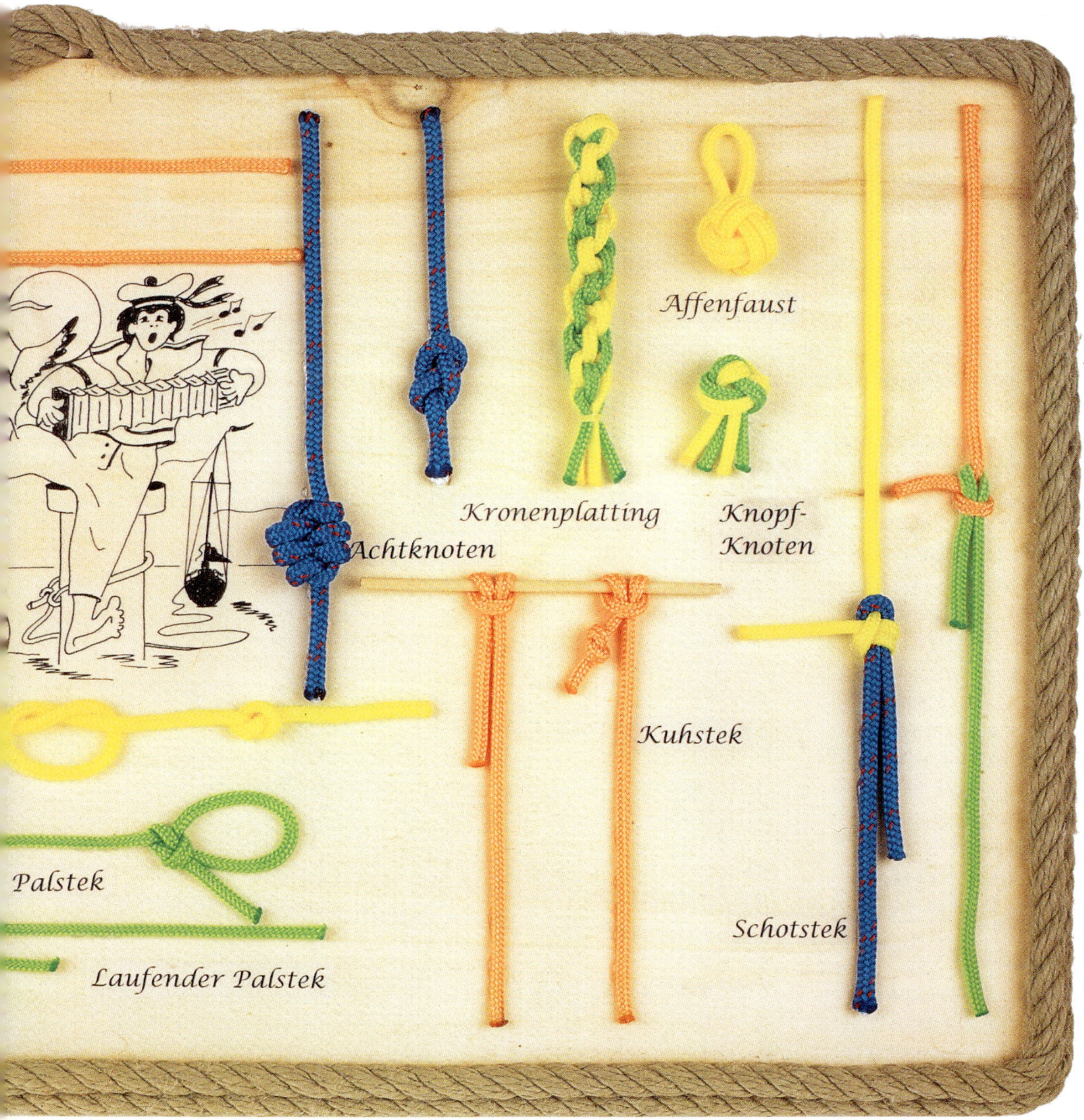
Affenfaust
Kronenplatting
Knopf-
Knoten
Achtknoten
Kuhstek
Palstek
Schotstek
Laufender Palstek

Kleines Wörterbuch der Seefahrt

Die Segelsprache hat viele seemännische Ausdrucksweisen. Dies ist nur ein kleiner Auszug von über 5000 Erklärungen. Vielleicht willst du noch mehr über die Seefahrt und ihre Geheimnisse erfahren. Es gibt viele Bücher mit Wissenswertem darüber. Mach dich einfach auf die Suche. Wenn du willst, kann dein kleines Wörterbuch schon bald mächtig angewachsen sein.

Auch Sportbootfahrer brauchen einen Führerschein. Denn wenn ein Skipper seine Yacht sicher führen will, muss er sich in Navigation, Wetterkunde, Seemannschaft und Schifffahrtsrecht gut auskennen.

A

Achtern: Hinten.
Anschlagen: Das Großsegel am Großbaum befestigen.
Anker: Die ersten Anker waren große Steine und mit Steinen gefüllte Körbe. Der heute bekannte Anker mit mehreren Armen gräbt sich tief in den Grund ein und hält das liegende Schiff fest.

B

Backbord: Linke Seite des Schiffes in Fahrtrichtung.
Beaufort-Scala: Nach dem englischen Admiral Sir Francis Beaufort benannte Tabelle zur Bestimmung der Windstärke mit zwölf so genannten Stärkegraden. Bei einer richtig frischen Brise zum Beispiel beträgt die Windstärke Beaufort 5; das entspricht einer Geschwindigkeit von 15 bis 21 Knoten (29 bis 38 km/h).
Bullauge: Rundes Fenster aus dickem Glas im Schiffsrumpf.

C

Crew: Die Mannschaft eines Schiffes.

D

Deck: Der obere Abschluss eines Schiffes.

E

Entern: Gewaltsames Rammen und Erstürmen eines feindlichen Schiffes.

F

Galionsfigur: Aus Holz geschnitzte Figur, die den Bug oder Vorsteven der früheren Segelschiffe schmückte.

G

Havarie: Schaden am Schiff durch Sturm, Seegang oder Zusammenstoß.
Heck: Das hintere Ende eines Schiffes.

K

Kiel: Der untere Längsbalken eines Schiffes, sozusagen sein Rückgrat.
Knoten: Maßeinheit für die Schiffsgeschwindigkeit. 1 Knoten = 1 Seemeile pro Stunde. Eine Seemeile entspricht 1,852 Kilometer. Fährt ein Schiff 10 Knoten, so legt es in der Stunde 18,5 Kilometer zurück.
Kombüse: Schiffsküche.
Kreuzen: Auf Zickzackkurs gegen den Wind segeln.

L

Lee: Dem Wind abgekehrte Seite eines Schiffes.
Lot: Gerät zur Feststellung der Wassertiefe. Das Handlot ist ein Bleigewicht an der Lotleine.
Lotse: Ein Seemann, der die örtlichen Häfen und Seeverhältnisse kennt und bei schwierigem Fahrwasser an Bord des Schiffes geht und das Kommando übernimmt.

Luv: Dem Wind zugekehrte Seite des Schiffes.

Mast: Der Mast besteht aus einem oder mehreren Stücken und ist heute meist aus Aluminiumrohr. An den Masten sind die Segel befestigt.
Morsen: Das Morsen diente zur Nachrichtenübermittlung auf See. Es wurde um 1840 von dem Amerikaner Samuel Morse erfunden. Das von ihm entwickelte Morsealphabet ist ein Kurzzeichensystem für Buchstaben, Zahlen und Zeichen. Durch kurze und lange Impulse mit dazwischenliegenden Pausen kann eine sichtbare (z. B. durch An- und Ausknipsen einer Lampe) oder eine hörbare (z. B. durch Klopfzeichen) Verständigung stattfinden.
Ein Punkt = kurzer Impuls; ein Strich = langer Impuls

A .-	B -...	C -.-.
D-..	E .	F ..-.
G --.	H	I ..
J .---	K -.-	L .-..
M --	N -.	O ---
P .--.	Q --.-	R .-.
S ...	T -	U ..-
V ...-	W .--	X -..-
Y -.--	Z --..	

Navigation: Bestimmung des Schiffsortes und des Kurses.

Position: Der geographische Standort eines Schiffes.

Reeder: Eigentümer eines Schiffes: Der Reeder oder die Reederei lässt Schiffe fahren und befördert Fracht und Passagiere.
Reling: Schiffsgeländer.
Rumpf: Bootskörper.

Seemannsgarn spinnen: Erzählen von erfundenen oder teilweise erfundenen Seemannsgeschichten.
Skorbut: Krankheit durch Mangel an Vitamin C. Zahlreiche Seeleute erkrankten daran, viele starben auch. Später nahm man als Vorsorge Zitronen und Sauerkraut mit an Bord.
Sonar: Geographische Ortung mit Hilfe von Schall. Das Sonargerät heißt auch Echolot.
Steuerbord: Rechte Seite des Schiffes in Fahrtrichtung.

Takelage: Das gesamte Tauwerk mit Masten, Wanten und Spieren zum Halt der Masten und Rahe.

Wenden: Kursänderung, bei der das Schiff mit dem Bug durch den Wind dreht.
Werft: Anlage zum Bau und Ausbessern von Schiffen. Dazu gehören Docks, die Helling (Bauplatz eines Schiffes), Werkhallen und Kräne.

Zurren: Festmachen.

Für viele beginnt das Abenteuer Seefahrt mit einem kleinen Segelboot, einem Optimisten oder einer Jolle. Manche fangen auch mit Modellschiffen an, die sie auf einem Weiher oder See schwimmen lassen. Selbst das kleine gefaltete Papierschiffchen, das auf dem Bach dahintreibt, kann die große Liebe zur Seefahrt und ihren Abenteuern wecken. Es macht einfach zu viel Spaß, ein Schiff zu lenken, seinen Kurs zu bestimmen, mit Wind und Welle zu spielen und die größtmögliche Geschwindigkeit herauszuholen. Womit willst du beginnen?

Über die Autorin

Bettina Hansen arbeitet seit 1989 als freie Redakteurin, Grafikerin und Autorin für renommierte Buch- und Zeitschriftenverlage. Im Vordergrund ihrer zahlreichen Veröffentlichungen stehen das Basteln, Werken und Gestalten mit verschiedenen Materialien. Ihre Bücher richten sich sowohl an Kinder als auch an Erwachsene.

Bildnachweis

Alle Bildmotive stammen von Claudia Rehm und Achim Sass, Stockdorf/München, mit Ausnahme von Tony Stone, München: 2 re. (John Lawlor)

Hinweis

Das vorliegende Buch ist sorgfältig erarbeitet worden. Dennoch erfolgen alle Angaben ohne Gewähr. Weder Autorin noch Verlag können für eventuelle Fehler oder Schäden, die aus den im Buch gegebenen praktischen Hinweisen resultieren, eine Haftung übernehmen.

Impressum

Redaktion:
Elisabeth Hammerl
Projektleitung:
Sylvia Wohofsky
Redaktionsleitung:
Nina Andres
Illustrationen:
Susanna Grigoletto
Bildredaktion:
Beate Wagner
Umschlag/Layout:
Manuela Hutschenreiter
DTP/Satz:
Veronika Moga
Produktion:
Manfred Metzger
Druck: Color-Offset, München
Bindung: R.Oldenbourg, München

Printed in Germany
Gedruckt auf chlor- und säurearmem Papier
ISBN 3-517-07989-8